www.ingramcontent.com/pod-product-compliance
Lightning Source LLC
Chambersburg PA
CBHW060853220526
45466CB00003B/1360
* 9 7 8 1 6 5 2 3 5 6 0 7 3 *